Inhalt

Emissionszertifikate für die dritte Handelsperiode - nur die effizientesten Industriebetriebe können ohne zusätzliche Kosten weiter arbeiten

Kernthesen

Beitrag

Fallbeispiele

Weiterführende Literatur

Impressum

Emissionszertifikate für die dritte Handelsperiode - nur die effizientesten Industriebetriebe können ohne zusätzliche Kosten weiter arbeiten

I.Zeilhofer-Ficker

Kernthesen

- Die Zuteilungsregeln für Emissionsrechte von Treibhausgasen werden sich für die

dritte Handelsperiode ab 2013 komplett ändern.
- Nur noch die effizientesten Industriebetriebe von wenigen unter großem Konkurrenzdruck stehenden Branchen bekommen alle nötigen Emissionszertifikate kostenfrei zugeteilt.
- Alle anderen Betriebe müssen die zusätzlich notwendigen Rechte ersteigern oder erhandeln.
- Auf die europäische Industrie kommen dadurch Kosten in Millionenhöhe zu, die die Wettbewerbsfähigkeit auf dem Weltmarkt bedrohen könnten.

Beitrag

Geänderte EU-einheitliche Spielregeln

Im Dezember 2010 hat die EU-Kommission neue Zuteilungsregeln für Emissionszertifikate beschlossen, die europaweit gültig sind. Das Ziel ist, bis zum Jahr 2020 eine Reduzierung von Treibhausgasemissionen um 21 Prozent zum Referenzwert von 2005 zu erreichen. Damit die Emissionen tatsächlich um diesen signifikanten Wert vermindert werden, baut die EU nicht mehr auf nationale Allokationspläne, sondern setzt die effizientesten Produktionsprozesse als Benchmark ein. (1)

Für die Handelsperioden bis inklusive dem Jahr 2012 wurden 90 Prozent aller Emissionsrechte kostenlos an die Unternehmen abgegeben. Ab 2013 soll mindestens die Hälfte aller Zertifikate, rund 1,9 Millionen, versteigert werden. Die Energieversorger sind davon besonders betroffen - sie bekommen keine Gratisrechte mehr, sondern müssen ihren Bedarf komplett ersteigern oder erhandeln. (1)

Für Industriebetriebe wird gelten, dass nur noch ein geringer Anteil an Zertifikaten verschenkt wird. Für alle Herstellungsprozesse/Produkte wurden in den vergangenen Jahren von den EU-Behörden Emissionswerte gesammelt, um zu ermitteln, was der Mindestbedarf der effizientesten Prozesse ist. Der Wert für diese sparsamsten Fabriken wird als Benchmark in CO_2-Ausstoß pro Kilogramm Produkt festgelegt. 55 energieintensive Branchen/Produkte wurden als besonders wettbewerbsanfällig eingestuft. Dafür wird die Gefahr der Abwanderung in nicht vom Emissionshandel betroffene Gebiete als hoch eingestuft ("Carbon-Leakage-gefährdet"). Deshalb erhalten die Produktionsbetriebe dieser Produkte so viele Zertifikate kostenfrei zugeteilt, wie bei Nutzung des effizientesten Prozesses gebraucht werden. Der

Rest muss ersteigert oder erhandelt werden. (2), (3)

Auch für die restlichen Branchen gibt es Benchmarks, die von den sparsamsten Produktionsverfahren abgeleitet werden. Für die Zuteilung relevant sind Produktionsmengen der Jahre 2005 bis 2008 oder 2009/2010 nach der Meistbegünstigtenklausel. Allerdings gibt es für das Jahr 2013 nur eine Zuteilung von 80 Prozent der benötigten Zertifikate. Dieser Wert wird bis zum Jahr 2020 stufenweise auf 30 Prozent gekürzt. Insgesamt werden jedes Jahr um 1,74 Prozent weniger Zertifikate ausgegeben, beginnend im Jahr 2013 bei 2 039 152 882 Rechten für ganz Europa. Die Reduzierung wird proportional in Zuteilungskürzungen für die Unternehmen umgesetzt. (2), (3)

Besondere Regeln wird es für Kleinbetriebe geben. Die europäische Verordnung sieht vor, dass Mitgliedsländer "Opt-Out-Möglichkeiten" unter bestimmten Voraussetzungen schaffen dürfen. Wer in den Jahren 2008 bis 2010 weniger als 15 000 Tonnen CO_2 pro Jahr ausgestoßen hat, kann wählen, aus dem Emissionshandel auszuscheiden, wenn seine Feuerungsleistung weniger als 35 MW beträgt. Allerdings bekommen diese Unternehmen dann auch keine Gratiszertifikate zugeteilt. Steigt ihre Produktionsmenge und der CO_2 Ausstoß im Laufe der Handelsperiode bis 2020 über den Grenzwert an, wird der Betrieb handelspflichtig. In dem Fall muss er sämtliche dann notwendigen Zertifikate zukaufen. (4)

Neu ist ebenfalls, dass ab 2012 der Flugverkehr mit einbezogen wird, was vor allem bei amerikanischen Fluggesellschaften auf harsche Kritik gestoßen ist. Trotz eingereichter Klage beim europäischen Gerichtshof haben sich aber fast alle Fluglinien um Emissionsrechte beworben. Die Fluggesellschaften sollen zunächst 85 Prozent der Zertifikate kostenlos erhalten, der Rest muss ersteigert werden. (5)

Enger Zeitplan

Die von der Europäischen Kommission im Dezember 2010 beschlossenen Zuteilungsregeln wirken direkt - es ist keine Umsetzung in nationales Recht notwendig. Trotzdem ist die Bundesregierung dabei, das Treibhaus-Emissionshandelsgesetz (TEHG) zu novellieren und mit der EU-Verordnung zu harmonisieren. In der Neufassung des TEHG soll beispielsweise festgelegt werden, ob und wie Müllverbrennungsanlagen in den Emissionshandel einzubeziehen sind; außerdem muss die Kleinunternehmerregelung festgezurrt werden. Darüber hinaus werden in der Novelle diverse Verfahrensvorschriften und Gebühren niedergeschrieben. (6)

Man rechnet damit, dass sowohl EU-Verordnung als

auch TEHG-Novelle erst im Frühjahr 2011 verabschiedet werden. Trotzdem müssen Zuteilungsmengen bereits Ende September 2011 nach Brüssel rückgemeldet sein. Für die Unternehmen bedeutet das, dass die Fristen für die Meldung aktueller Zahlen und die Beantragung der Zertifikatezuteilung extrem kurz sein werden. (6)

Erste Versteigerungsrunden für zusätzlich benötigte Emissionsrechte sind eigentlich noch im Jahr 2011 geplant. Möglicherweise verschiebt sich dieser Termin aber in das Jahr 2012 hinein. In Deutschland wird es für die Versteigerungen eine nationale Auktionsplattform geben. Auf der Plattform sind Versteigerungstermine, Zeitfenster und Mengen sowie Liefer- und Zahlungstermine zu veröffentlichen. Damit die Chancengleichheit gewahrt bleibt, sind Gebote von Mitbewerbern nicht einsehbar und müssen innerhalb eines engen Zeitfensters von nur zwei Stunden platziert werden. (7)

Wirtschaft ächzt unter der kommenden Belastung

Wie auch immer die endgültigen Rechtezuteilungen für die dritte Handelsperiode aussehen werden - nur die wenigsten deutschen Industrieunternehmen werden mit ihren Zertifikaten auskommen. Der Rest muss zusätzliche Rechte ersteigern, erhandeln oder sie als Gutschrift für Finanzbeteiligungen bei CDM- oder JI-Projekten erwerben. (1)

Langfristig am günstigsten könnte oftmals die Investition in neue, energiesparende Maschinen und Ausrüstungen, die Entwicklung von alternativen Produktionsprozessen oder die Nutzung von umweltfreundlicheren Rohstoffen sein. Umweltpolitiker hoffen vor allem auf diese Möglichkeit, weil nur so das Ziel erreicht werden kann, den Klimawandel zu stoppen. Denn jede eingesparte Tonne CO_2 spart dem Unternehmen künftig auch Geld.

Erst einmal aber ist der Schrecken bei den Industriebetrieben groß. Mit zusätzlichen Kosten von 190 Millionen Euro rechnen allein die deutschen Stahlkocher. Die europäische Zellstoff- und Papierindustrie kalkuliert mit 270 Millionen Euro Zusatzkosten durch den Emissionshandel. Durchschnittlich gehen die energieintensiven Branchen von einer Kostensteigerung um 5 Prozent aus. (3), (8), (9)

Trends

Über die gerechte Zuteilung von Emissionszertifikaten an einzelne Länder, Branchen und Betriebe lässt sich bestimmt trefflich streiten. Doch wie gerecht oder ungerecht man die Vergabe von kostenlosen Verschmutzungsrechten auch hält, man wird sich in den kommenden Jahren als Produktionsunternehmen darauf einstellen müssen, dass für die Belastung der Atmosphäre zumindest in Europa gezahlt werden muss. Schon jetzt kann man in etwa abschätzen, welche Menge an Zusatzzertifikaten durch Ersteigerung oder auf dem freien Markt erworben werden muss. Jedes Unternehmen sollte daher für diesen Beschaffungsvorgang so schnell wie möglich Strategien entwickeln. (1)

Alternativ sind alle Unternehmensprozesse auf den Prüfstand zu stellen, um Energie und damit Emissionen zu sparen. Energieeffizienz, aber auch Rohstoffeffizienz werden durch den teuren Emissionshandel weiter an Bedeutung gewinnen. Innovative Ideen sind gefragt, um die Kosten in erträglichen Höhen zu halten. Vor allem im globalen Wettbewerb stehende Unternehmen müssen jede noch so kleine Einsparmöglichkeit nutzen.

Werden durch den Emissionshandel genügend innovative Ideen angestoßen, so könnte sich diese Strategie langfristig sogar als Wettbewerbsvorteil europäischer Unternehmen auf dem Weltmarkt herausstellen. Denn Energie und Rohstoffe dürften auch weiterhin weltweit immer teurer werden. Wer damit sparsam umgeht, gewinnt immer.

Fallbeispiele

Die Stromversorger sind schon in der laufenden Zuteilungsperiode zum Erwerb zusätzlicher Emissionszertifikate gezwungen. Beliebt sind die verhältnismäßig günstigen Emissionsgutschriften aus Clean Development (CDM) und Joint Implementation (JI) Projekten. Die RWE Power ist beispielsweise am Projekt des chinesischen Chemieunternehmens Changsu 3F Zhonghao zur HFC-23-Vermeidung beteiligt. Das Unternehmen erhält zudem weitere Zertifikate für das CDM-Projekt der Jiangsu Meilan Chemical (China). (10)

Der KfW-Bankengruppe werden Emissionsrechte für die Beteiligung an dem chinesischen 48-MW-Laufwasserkraftwerk Shunchang Yangkou gutgeschrieben. Die meisten zertifizierten Projekte befinden sich in China, aber auch in Indien, Brasilien und Südkorea gibt es CDM-Projekte, die mit Emissionsgutschriften bedacht werden. (10)

Weiterführende Literatur

(1) Vollversteigerung bringt Stadtwerke in Zugzwang aus www.powernews.org Meldung vom 30.12.2010 -

13:31

(2) Handel mit heißer Luft
aus Der Spiegel, 27.12.2010, Nr. 52, Seite 62

(3) EU-Klimaschutz beutelt deutsche Schwerindustrie
aus VDI NR. 44 VOM 05.11.2010 SEITE 9

(4) "Einfach, niedrig und gerecht"? - Die neuen Zuteilungsregeln
aus www.powernews.org Meldung vom 14.01.2011 - 13:31

(5) EU droht US-Airlines mit Flugverbot
Klimakommissarin Hedegaard enttäuscht von Obamas Klimapolitik · Amerikas Fluglinien sperren sich gegen EU-Emissionshandel
aus Financial Times Deutschland vom 23.09.2010, Seite 9

(6) TEHG - Die Baustelle für den Emissionshandel ab 2013
aus www.powernews.org Meldung vom 11.10.2010 - 14:40

(7) CO_2-Beschaffungsstrategien müssen angepasst werden
aus www.powernews.org Meldung vom 11.10.2010 - 13:18

(8) Emissionshandel wird immer teurer
aus Handelsblatt Nr. 246 vom 20.12.2010 Seite 12

(9) Konsequenzen der Energiegesetzgebung für die Papierindustrie
aus Wochenblatt für Papierfabrikation Nr. 12 vom 17.12.2010 Seite 978

(10) CER-Ausschüttung: UNFCCC flutet Markt mit 19,5 Mio. Zertifikaten
aus www.powernews.org Meldung vom 07.12.2010 - 10:34

Impressum

Emissionszertifikate für die dritte Handelsperiode - nur die effizientesten Industriebetriebe können ohne zusätzliche Kosten weiter arbeiten

Bibliografische Information der deutschen Nationalbibliothek

Die Deutsche Nationalbibliothek verzeichnet diese Publikation in der deutschen Nationalbibliografie; detaillierte bibliografische Daten sind im Internet über http://dnb.d-nb.de abrufbar.

ISBN: 978-3-7379-1518-2

© 2015 GBI-Genios Deutsche Wirtschaftsdatenbank GmbH, Freischützstraße 96, 81927 München, www.genios.de

Alle Rechte vorbehalten. Dieses Werk ist einschließlich aller seiner Teile – z.B. Texte, Tabellen und Grafiken - urheberrechtlich geschützt. Jede Verwertung außerhalb der Grenzen des Urheberrechtsgesetzes bedarf der vorherigen

Zustimmung des Verlags. Dies gilt insbesondere auch für auszugsweise Nachdrucke, fotomechanische Vervielfältigungen (Fotokopie/Mikroskopie), Übersetzungen, Auswertungen durch Datenbanken oder ähnliche Einrichtungen und die Einspeicherung und Verarbeitung in elektronischen Systemen.